HISTÓRIAS ILUSTRADAS DA BÍBLIA

On line
EDITORA

ADÃO E EVA

DEUS CRIOU ADÃO E EVA COMO OS PRIMEIROS SERES DA TERRA.

GÊNESIS 1-3

DURANTE SEIS DIAS, DEUS CRIOU TUDO O QUE EXISTE, E NO SÉTIMO DIA, DESCANSOU SATISFEITO COM SUA CRIAÇÃO. ADÃO E EVA FORAM VIVER NO JARDIM DO ÉDEN.

DEUS, VENDO QUE ADÃO E EVA HAVIAM DESOBEDECIDO, AMALDIÇOOU A SERPENTE E CONDENOU A MULHER A SOFRER E DAR À LUZ COM DOR. ELE TAMBÉM PUNIU O HOMEM, FORÇANDO-O A TRABALHAR NA TERRA PARA ENCONTRAR COMIDA. OS DOIS FORAM EXPULSOS DO CÉU.

ADÃO E EVA TIVERAM DOIS FILHOS: CAIM E ABEL. CAIM, O FILHO MAIS VELHO, ERA LAVRADOR, ENQUANTO O MAIS JOVEM, ABEL, ERA PASTOR DE OVELHAS.

GÊNESIS 4

A ARCA DE NOÉ

TEMPOS DEPOIS DA CRIAÇÃO, PESSOAS SE MULTIPLICARAM PELA TERRA, MAS ERA UM MUNDO DOMINADO PELO MAL. DEUS, ENTÃO, SE ARREPENDEU DE TER CRIADO O SER HUMANO E DECIDIU DESTRUÍ-LO. MAS HAVIA UM HOMEM QUE ERA BOM E JUSTO: NOÉ.

GÊNESIS 6-8

DEUS DECIDIU POUPAR NOÉ E LHE DEU ORDENS PARA CONSTRUIR UMA ARCA E COLOCAR DENTRO DELA UM CASAL DE CADA ANIMAL. NOÉ OBEDECEU A DEUS E, QUANDO TODAS AS CRIATURAS ENTRARAM NA ARCA, COMEÇOU A CHOVER.

CHOVEU POR QUARENTA DIAS E QUARENTA NOITES SEM PARAR, ENQUANTO A ARCA FLUTUAVA. A ÁGUA COBRIU ATÉ AS MAIS ALTAS MONTANHAS. PLANTAS, ANIMAIS E PESSOAS SE AFOGARAM.

DEUS DISSE A NOÉ E A SEUS FILHOS: "FRUTIFICAI E MULTIPLICAI-VOS E ENCHEI A TERRA...". COMO SÍMBOLO DA ALIANÇA ENTRE DEUS E O HOMEM, FOI CRIADO O ARCO-ÍRIS.

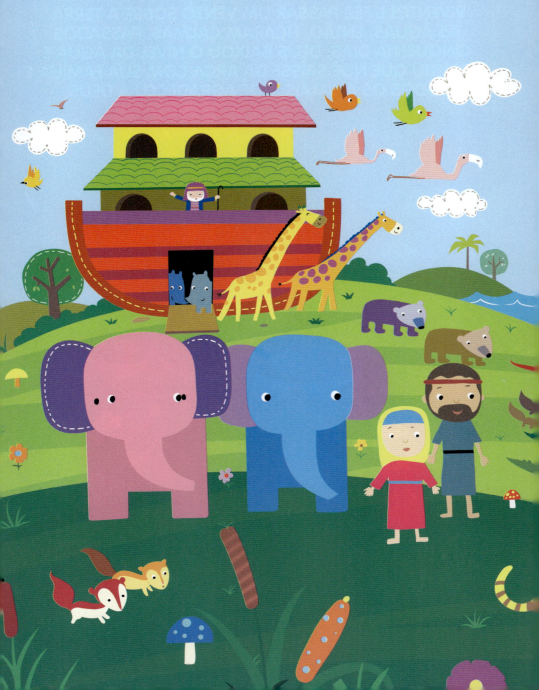

A TORRE DE BABEL

TEMPOS DEPOIS DO DILÚVIO, OS DESCENDENTES DE NOÉ SE ESPALHARAM PELA TERRA. QUANDO CHEGARAM À TERRA DE SINAR, DECIDIRAM FICAR ALI. ENTÃO, ELES COMEÇARAM A FABRICAR TIJOLOS PARA CONSTRUIR UMA CIDADE. NAQUELA ÉPOCA, TODOS OS POVOS DA TERRA FALAVAM UMA SÓ LÍNGUA.

GÊNESIS 11

CERTO DIA, ELES COMEÇARAM A CONSTRUIR UMA TORRE ALTA QUE ALCANÇARIA OS CÉUS, E QUE SERIA CONHECIDA NO MUNDO TODO. MAS DEUS NÃO GOSTOU NADA DAQUILO E DECIDIU CONFUNDIR SUAS LÍNGUAS.

ASSIM, AS PESSOAS NÃO CONSEGUIRAM COMPLETAR A TORRE, POIS COMEÇARAM A FALAR EM LÍNGUAS DIFERENTES. A TORRE FOI CHAMADA DE BABEL, QUE SIGNIFICA "CONFUSÃO", POIS ALI DEUS CONFUNDIU A LÍNGUA DOS HOMENS E OS ESPALHOU SOBRE TODA A TERRA.

ABRAÃO

UM DIA, DEUS APARECEU PARA ABRAÃO E DISSE A ELE: "OLHE PARA O CÉU E CONTE AS ESTRELAS. ASSIM SERÃO OS SEUS INÚMEROS DESCENDENTES". ELE LHE DISSE PARA DEIXAR O LOCAL COM SUA ESPOSA E TODOS OS SEUS BENS E IR PARA CANAÃ, A TERRA QUE DARIA A SEUS DESCENDENTES.

GÊNESIS 12 - 24

SARA, ESPOSA DE ABRAÃO, TINHA NOVENTA ANOS E JÁ ESTAVA VELHA PARA SER MÃE, MAS RECEBEU UMA BÊNÇÃO DE DEUS E DEU À LUZ UM FILHO.

DEUS ORDENOU A ABRAÃO QUE CHAMASSE A CRIANÇA DE ISAQUE. ABRAÃO TINHA CEM ANOS QUANDO ISAQUE NASCEU.

ALGUNS ANOS DEPOIS, DEUS QUERIA TESTAR A FÉ DE ABRAÃO, ENTÃO PEDIU A ELE QUE SACRIFICASSE SEU FILHO, ISAQUE.

ABRAÃO ERA FIEL A DEUS E, QUANDO ESTAVA A PONTO DE CUMPRIR A ORDEM, DEUS DISSE PARA SACRIFICAR UM CARNEIRO QUE ESTAVA ALI PERTO NO LUGAR DA CRIANÇA.

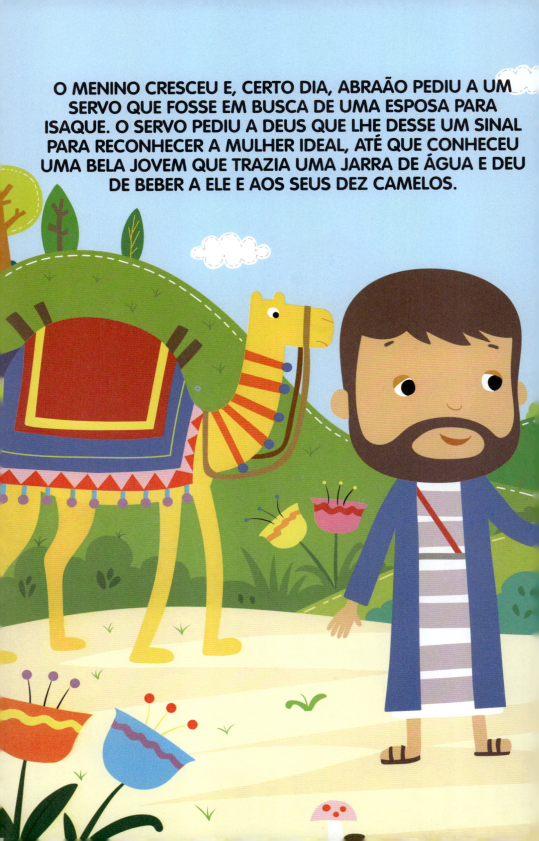
O MENINO CRESCEU E, CERTO DIA, ABRAÃO PEDIU A UM SERVO QUE FOSSE EM BUSCA DE UMA ESPOSA PARA ISAQUE. O SERVO PEDIU A DEUS QUE LHE DESSE UM SINAL PARA RECONHECER A MULHER IDEAL, ATÉ QUE CONHECEU UMA BELA JOVEM QUE TRAZIA UMA JARRA DE ÁGUA E DEU DE BEBER A ELE E AOS SEUS DEZ CAMELOS.

O SERVO SOUBE, ENTÃO, QUE AQUELA ERA A MULHER ESCOLHIDA POR DEUS. SEU NOME ERA REBECA.

JOSÉ, O SONHADOR

JOSÉ, FILHO DE JACÓ, ERA PASTOR. SEUS IRMÃOS O ODIAVAM PORQUE ELE ERA O FAVORITO DE SEU PAI.

GÊNESIS 37 - 45

UM DIA, JOSÉ CONTOU AOS IRMÃOS UM SONHO QUE TEVE. "ESTÁVAMOS NO CAMPO AMARRANDO OS FEIXES DE TRIGO, ENTÃO O MEU FEIXE SE LEVANTOU E FICOU EM PÉ, E OS SEUS SE AJUNTARAM AO REDOR DO MEU E SE CURVARAM DIANTE DELE." ISSO SIGNIFICA QUE VOCÊ VAI NOS DOMINAR? - PERGUNTARAM OS IRMÃOS ATERRORIZADOS.

OS IRMÃOS DE JOSÉ, ENTÃO, DECIDIRAM VENDÊ-LO PARA ALGUNS MERCADORES, QUE O LEVARAM AO EGITO. LÁ, JOSÉ FOI VENDIDO PARA POTIFAR, TRABALHOU E ACABOU SENDO PRESO POR ALGUNS ANOS.

UM DIA, O FARAÓ TEVE DOIS SONHOS QUE NENHUM SÁBIO DO REINO CONSEGUIU INTERPRETAR. ENTÃO, CHAMOU JOSÉ. ELE EXPLICOU AO FARAÓ QUE OS SONHOS AVISAVAM QUE HAVERIA SETE ANOS DE FARTURA E SETE ANOS DE FOME NO EGITO.

NA ÉPOCA DA FOME, OS IRMÃOS DE JOSÉ FORAM ATÉ O EGITO PARA COMPRAR GRÃOS. JOSÉ OS RECONHECEU, MAS ELES NÃO O RECONHECERAM. ENTÃO, JOSÉ OS PRENDEU, MAS DEIXOU ALGUNS LIVRES PARA QUE VOLTASSEM COM O IRMÃO MAIS NOVO, QUE HAVIA FICADO COM O PAI, JACÓ.

AO VOLTAREM, DESCOBRIRAM QUE JOSÉ HAVIA SE TORNADO O GOVERNADOR DO EGITO. JOSÉ OS PERDOOU E SUSTENTOU SUA FAMÍLIA POR MUITOS ANOS.

MOISÉS

O FARAÓ TINHA MEDO QUE OS JUDEUS TIRASSEM SUA AUTORIDADE, JÁ QUE VIVIAM EM GRANDE NÚMERO NO EGITO. ENTÃO, ELES FORAM FORÇADOS A TRABALHAR COMO ESCRAVOS. CERTO DIA, O FARAÓ TEVE UMA IDEIA MUITO MALDOSA: MANDOU QUE TODOS OS MENINOS JUDEUS RECÉM-NASCIDOS FOSSEM JOGADOS EM UM RIO.

ÊXODO 2 - 14

UM CASAL DE JUDEUS HAVIA TIDO UM MENINO E, PARA SALVAR SUA VIDA, O COLOCARAM EM UMA CESTA E DEIXARAM QUE O RIO O LEVASSE. A FILHA DO FARAÓ, QUE SE LAVAVA NO RIO, OUVIU O CHORO DO MENINO E ENCONTROU A CESTA.

COMO O FARAÓ SE NEGOU A LIBERTAR OS HEBREUS, DEUS ENVIOU AS DEZ PRAGAS DO EGITO. DEPOIS DE MUITO SOFRER, SOMENTE NA ÚLTIMA PRAGA O FARAÓ LIBERTOU O POVO DE DEUS. MAS ELE LOGO SE ARREPENDEU E MANDOU SEUS SOLDADOS CAPTURÁ-LOS.

O POVO ESTAVA ACAMPANDO PRÓXIMO DO MAR E, QUANDO MOISÉS VIU OS EGÍPCIOS CHEGANDO, ERGUEU A SUA VARA E O MAR SE DIVIDIU, ABRINDO CAMINHO PARA OS HEBREUS ESCAPAREM. QUANDO OS EGÍPCIOS PASSAVAM PELO MESMO CAMINHO, O MAR SE FECHOU E ELES SE AFOGARAM.

MOISÉS PASSOU QUARENTA DIAS E QUARENTA NOITES EM SINAI. LÁ ELE OUVIU DEUS E RECEBEU AS PLACAS COM OS DEZ MANDAMENTOS. VENDO QUE MOISÉS ESTAVA ATRASADO PARA RETORNAR DO MONTE, OS JUDEUS CONSTRUÍRAM UM BEZERRO DE OURO E FIZERAM UMA FESTA. QUANDO MOISÉS DESCEU DO MONTE E VIU TUDO AQUILO, FICOU MUITO ZANGADO, QUEBROU AS PLACAS COM OS DEZ MANDAMENTOS E DESTRUIU O BEZERRO DE OURO.

ÊXODO 32

O REI SALOMÃO

CERTA VEZ, DEUS APARECEU NO SONHO DO REI SALOMÃO E DISSE: "PEDE-ME O QUE QUERES QUE EU TE DÊ". SALOMÃO PEDIU UM CORAÇÃO SÁBIO PARA JULGAR SEU POVO.

1 REIS 3

UM DIA, DUAS MÃES FORAM AT
O REI SALOMÃO COM UM BEBÊ
AS DUAS DIZIAM SER MÃES DO
MESMO FILHO.

A MÃE FALSA NÃO LIGOU, MAS A MÃE VERDADEIRA PEDIU QUE NÃO CORTASSE O MENINO, MAS O ENTREGASSE VIVO À OUTRA. AO ESCUTAR ISSO, SALOMÃO ORDENOU: "DÊ A ELA A CRIANÇA, POIS ELA É A MÃE."

QUANDO SALOMÃO MORREU, ROBOÃO ASCENDEU AO TRONO. JEROBOÃO NÃO SEGUIU OS MANDAMENTOS DE DEUS, ENTÃO DEUS MANDOU DESTRUIÇÃO PARA SEUS DESCENDENTES. OS SUCESSORES DE JEROBOÃO FORAM MORTOS E SUAS CASAS FORAM QUEIMADAS.

I REIS 12

JOÃO BATISTA

DURANTE O REINADO DE HERODES VIVEU UM PROFETA CHAMADO ZACARIAS E SUA ESPOSA, ISABEL. OS DOIS JÁ ERAM VELHOS E ISABEL NÃO PODIA TER FILHOS. UM DIA, UM ANJO APARECEU PARA ZACARIAS E ANUNCIOU QUE ELE SERIA PAI.
DISSE TAMBÉM QUE SEU NOME DEVERIA SER JOÃO, E QUE MUITOS SE ALEGRARIAM COM O AQUELE NASCIMENTO.

LUCAS 1

MESES DEPOIS, MARIA FOI VISITAR SUA PRIMA ISABEL. E ISABEL, MUITO CONTENTE, DISSE: "BENDITA ÉS TU ENTRE AS MULHERES, E BENDITO O FRUTO DO TEU VENTRE."

JOÃO NASCEU, CRESCEU E COMEÇOU A ENSINAR A PALAVRA DE DEUS AO REDOR DO RIO JORDÃO. ELE PROCLAMOU A SALVAÇÃO ATRAVÉS DO PERDÃO DOS PECADOS. AQUELES QUE SE ARREPENDERAM FORAM BATIZADOS NAS ÁGUAS DO RIO JORDÃO. ENTÃO, COMEÇARAM A CHAMÁ-LO DE JOÃO BATISTA.

JESUS CRISTO FOI AO RIO JORDÃO PARA SER BATIZADO POR JOÃO. "EU SOU QUEM DEVE SER BATIZADO POR VOCÊ, E VOCÊ VEM A MIM?", DISSE JOÃO. "ISSO SERÁ FEITO PARA CUMPRIR O QUE FOI DESIGNADO", RESPONDEU JESUS.

DEPOIS DE ALGUM TEMPO, JOÃO BATISTA FOI APRISIONADO POR CRITICAR O REI HERODES, QUE ORDENOU QUE SEUS SOLDADOS CORTASSEM A CABEÇA DE JOÃO.

MATEUS 14

NASCIMENTO E INFÂNCIA DE CRISTO

EM NARAZÉ VIVEU UMA JOVEM CHAMADA MARIA. ELA ERA CASADA COM JOSÉ. CERTO DIA, GABRIEL, UM ANJO ENVIADO POR DEUS, APARECEU PARA ELA E ANUNCIOU QUE, COM A GRAÇA DO ESPÍRITO SANTO, ELA DARIA À LUZ UM FILHO CHAMADO JESUS, E QUE A CRIANÇA CONQUISTARIA O MUNDO COMO O FILHO DE DEUS.

MATEUS 1 - 2

QUANDO JOSÉ DESCOBRIU QUE MARIA ESTAVA GRÁVIDA, DECIDIU NÃO SE CASAR. ENTÃO, UM ANJO FALOU, EM SONHO, QUE JOSÉ DEVERIA PERMANECER COM MARIA. DISSE, TAMBÉM, QUE A CRIANÇA SE CHAMARIA JESUS E QUE SALVARIA O MUNDO DOS PECADOS.

UM ANJO DO SENHOR APARECEU A JOSÉ EM SONHO, E DISSE PARA ELE FUGIR PARA O EGITO COM MARIA E O MENINO. JOSÉ DEVERIA FICAR LÁ, POIS O REI HERODES IRIA PROCURAR A CRIANÇA PARA MATÁ-LA.

ENQUANTO ISSO, HERODES ESTAVA CHEIO DE INVEJA PELO NASCIMENTO DE CRISTO. ENTÃO, ELE ENVIOU SEUS SOLDADOS PARA MATAREM TODOS OS MENINOS DE BELÉM COM MENOS DE DOIS ANOS.

JOSÉ E MARIA SEGUIRAM O CONSELHO DE UM ANJO DE DEUS PARA FUGIREM AO EGITO E LÁ PERMANECEREM ATÉ A MORTE DE HERODES. E ASSIM ELES FIZERAM.

O MENINO JESUS CRESCEU E TODOS FICARAM ESPANTADOS COM SUA SABEDORIA. ISSO PROVAVA QUE ELE ERA O ESCOLHIDO POR DEUS.

LUCAS 2

A PREGAÇÃO DE JESUS

JESUS PREGOU POR TODA A GALILEIA. UM DIA ELE ESTAVA EM UM BARCO, E PEDIRAM A ELE PARA JOGAR A REDE NA ÁGUA. QUANDO JESUS JOGOU A REDE, ELA FICOU CHEIA DE PEIXES! ENTÃO, CHEIOS DE FÉ, OS PESCADORES SEGUIRAM JESUS. ELES FORAM OS PRIMEIROS APÓSTOLOS.

JOÃO 5

UM DIA, QUANDO JESUS ENTROU NA CASA DE PEDRO, VIU QUE SUA SOGRA ESTAVA DE CAMA E COM FEBRE ALTA. ASSIM QUE JESUS TOCOU A MÃO DELA, A FEBRE SE FOI E A MULHER, CHEIA DE GRATIDÃO, O SEGUIU PARA SERVI-LO.

MATEUS 8

UM DIA, JESUS ESTAVA EM UMA MONTANHA PREGANDO PARA UMA MULTIDÃO. COMO JÁ ERA TARDE, OS DISCÍPULOS PEDIRAM QUE ELE DEIXASSE O POVO IR, POIS NÃO HAVIA COMIDA SUFICIENTE PARA TODOS, SOMENTE CINCO PÃES E DOIS PEIXES. ENTÃO, JESUS ABENÇOOU OS ALIMENTOS E OS MULTIPLICOU. TODOS COMERAM ATÉ SE SENTIREM SATISFEITOS.

JOÃO 6

LÁZARO ERA AMIGO DE JESUS E ESTAVA MUITO DOENTE. MAS QUANDO JESUS CHEGOU, LÁZARO JÁ ESTAVA MORTO HÁ QUATRO DIAS. "SEU IRMÃO IRÁ SE LEVANTAR DE NOVO! EU SOU A RESSURREIÇÃO. AQUELE QUE CRÊ EM MIM, AINDA QUE MORRA, VIVERÁ", FALOU JESUS.

JOÃO 11

JESUS TAMBÉM CUROU CEGOS. UM DIA, AO VER UM HOMEM CEGO DE NASCENÇA, JESUS MISTUROU SUA SALIVA COM A TERRA E PASSOU NOS OLHOS DO CEGO. ENTÃO, ELE PEDIU AO CEGO PARA IR LAVAR OS PRÓPRIOS OLHOS E, QUANDO RETORNOU, O CEGO VIU A LUZ.

JOÃO 9

JESUS EM JERUSALÉM

QUANDO JESUS CHEGOU A JERUSALÉM MONTADO EM UM BURRO, A MULTIDÃO VEIO CUMPRIMENTÁ-LO. "ABENÇOADO SEJA O REI DE ISRAEL QUE VEIO EM NOME DE DEUS!", ELES CANTARAM.

MATEUS 21

OS ESCRIBAS E FARISEUS NÃO VIAM A FAMA DE JESUS COMO ALGO POSITIVO, E TENTARAM SURPREENDÊ-LO COM A SEGUINTE PERGUNTA: "QUE TE PARECE? É LÍCITO PAGAR TRIBUTO A CÉSAR, OU NÃO?" MAS JESUS PERCEBEU A MALÍCIA DELES E PERGUNTOU: "DE QUEM É ESTA INSCRIÇÃO?" "DE CÉSAR", ELES RESPONDERAM. "DAI POIS A CÉSAR O QUE É DE CÉSAR E A DEUS O QUE É DE DEUS."

JESUS SABIA QUE MUITOS JUDEUS E FARISEUS ESTAVAM CONTRA ELE, E QUE LOGO ELE SERIA CRUCIFICADO. ENTÃO, DECIDIU CELEBRAR A PÁSCOA NA COMPANHIA DE SEUS DOZE APÓSTOLOS, SABENDO QUE SERIA A ÚLTIMA CEIA COM TODOS JUNTOS.

ENTÃO, JESUS PEGOU UMA BACIA, COLOCOU ÁGUA E BANHOU OS PÉS DE SEUS DISCÍPULOS. JESUS QUERIA ENSINAR A ELES A IMPORTÂNCIA DE SERVIR A TODOS COM HUMILDADE.

JOÃO 13

DEPOIS, TODOS FORAM ORAR NO MONTE DAS OLIVEIRAS. JESUS SE DISTANCIOU DELES E OROU A DEUS PARA SER FORT ENTÃO, UM ANJO APARECEU E ACALMOU SEU CORAÇÃO. POUCO TEMPO DEPOIS, JESUS FOI ACUSADO DE BLASFÊMIA PRESO E LEVADO A PÔNCIO PILATOS PARA SER JULGADO.

PÔNCIO PILATOS ACREDITAVA QUE JESUS NÃO ERA CULPADO. ENTÃO, LEVOU JESUS E UM PRISIONEIRO CHAMADO BARRABÁS ATÉ O POVO, E DEIXOU QUE A MULTIDÃO ESCOLHESSE QUEM SERIA SACRIFICADO.

MATEUS 27

A MORTE E A RESSURREIÇÃO DE JESUS

QUANDO FORAM APRESENTADOS JESUS E O LADRÃO BARRABÁS, O POVO PEDIU PARA SOLTAR BARRABÁS E CRUCIFICAR JESUS. PÔNCIO PILATOS, PARA DECLARAR QUE AQUELA NÃO ERA UMA DECISÃO DELE, LAVOU SUAS MÃOS COM ÁGUA.

MATEUS 27-28

OS SOLDADOS PREGARAM JESUS NA CRUZ E POR CIMA DE SUA CABEÇA PUSERAM A ESCRITA: "JESUS, O REI DOS JUDEUS". JUNTO COM JESUS FORAM CRUCIFICADOS DOIS LADRÕES.

DEPOIS DE MUITO SOFRER, JESUS DISSE: "PAI, NAS TUAS MÃOS ENTREGO O MEU ESPÍRITO", E ENTÃO FALECEU.

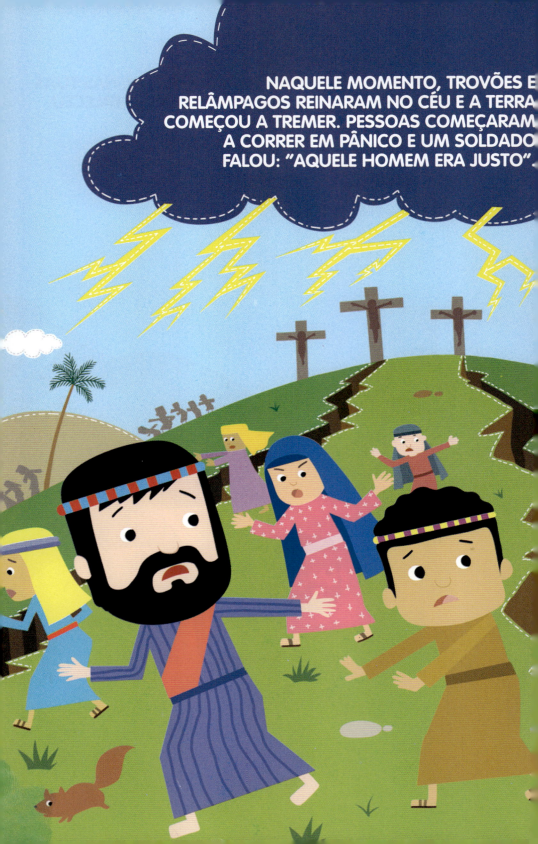

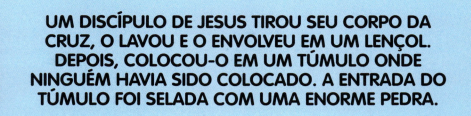

UM DISCÍPULO DE JESUS TIROU SEU CORPO DA CRUZ, O LAVOU E O ENVOLVEU EM UM LENÇOL. DEPOIS, COLOCOU-O EM UM TÚMULO ONDE NINGUÉM HAVIA SIDO COLOCADO. A ENTRADA DO TÚMULO FOI SELADA COM UMA ENORME PEDRA.

NO TERCEIRO DIA APÓS SUA MORTE, TRÊS PESSOAS FORAM VISITAR O SEPULCRO E VIRAM QUE CRISTO NÃO ESTAVA LÁ. ENTÃO, DOIS ANJOS DE DEUS APARECERAM E DISSERAM: "NÃO TENHAM MEDO. CRISTO RESSUSCITOU E ESTÁ NA GALILEIA". E ELAS FORAM EMBORA PARA PREGAR O QUE OUVIRAM.

ENQUANTO OS DISCÍPULOS SE LAMENTAVAM, JESUS APARECEU PARA ELES. ELE ESTAVA VIVO, E TODOS FICARAM MARAVILHADOS!

O APÓSTOLO PAULO

ANTES DE SE TORNAR DISCÍPULO DE CRISTO, PAULO ERA UM GRANDE INIMIGO DOS CRISTÃOS. SEU NOME ERA SAULO. UM DIA, NA ESTRADA PARA DAMASCO, UMA LUZ VINDA DO CÉU CERCOU SAULO E O DEIXOU CEGO. ELE OUVIU UMA VOZ DIZENDO PARA IR ATÉ A CIDADE.

ATOS 9

AO CHEGAR EM DAMASCO, SAULO, QUE AINDA ESTAVA CEGO, SE ACOMODOU COM SEUS HOMENS EM UMA CASA. ENTÃO, JESUS APARECEU PARA ANANIAS E PEDIU QUE ELE VISITASSE SAULO E CURASSE SUA CEGUEIRA. ANANIAS SABIA QUE SAULO ERA UMA PESSOA MÁ COM CRISTÃOS, MAS, MESMO ASSIM OBEDECEU. "JESUS ME TROUXE PARA RECUPERAR SUA VISÃO E ENCHÊ-LO COM A GRAÇA DO ESPÍRITO SANTO", ELE DISSE. NAQUELE MOMENTO, SAULO DEIXOU DE SER CEGO E, CHEIO DE FÉ, FOI BATIZADO.

DESDE ENTÃO, SAULO COMEÇOU A PREGAR A PALAVRA DE DEUS. MAS, COMO AINDA ERA PERSEGUIDO EM DAMASCO, FOI FORÇADO A FUGIR PARA JERUSALÉM, ONDE CONHECEU BARNABÉ. FOI ENTÃO QUE ELE MUDOU SEU NOME PARA PAULO.

PAULO FOI PERSEGUIDO EM ALGUNS LUGARES, MAS, EM OUTROS, FOI BEM RECEBIDO. EM UMA DE SUAS JORNADAS, PAULO LEVOU SILAS COMO UM COMPANHEIRO PARA PREGAR A PALAVRA, E FOI À MACEDÔNIA. QUANDO CHEGARAM À CIDADE DE FILIPOS, PAULO E SILAS FORAM ACUSADOS PELOS GUARDAS, QUE BATERAM NELES E OS LANÇARAM NA PRISÃO.

À NOITE, ENQUANTO PAULO E SILAS ORAVAM, SURGIU UM TERREMOTO TÃO VIOLENTO QUE TODAS AS PORTAS DA PRISÃO SE ABRIRAM. O GUARDIÃO, PENSANDO QUE TODOS OS PRISIONEIROS TINHAM ESCAPADO, ESTAVA PRESTES A COMETER SUICÍDIO.

ATOS 16

MAS PAULO IMPEDIU AQUELA ATITUDE HORRÍVEL E FALOU SOBRE A PALAVRA DE DEUS. O GUARDIÃO ACREDITOU EM CRISTO E SOLTOU PAULO E SILAS. ENTÃO, ELES CONTINUARAM A JORNADA PARA A GRÉCIA. EM ATENAS, PAULO FALOU AO POVO SOBRE O VERDADEIRO DEUS E EXPLICOU QUE AS ESTÁTUAS DOS DEUSES QUE LÁ HAVIA ERAM FALSOS ÍDOLOS.

QUANDO CHEGOU A ÉFESO, PAULO ENCONTROU ALGUNS DISCÍPULOS QUE TINHAM SIDO BATIZADOS POR JOÃO BATISTA, MAS AINDA NÃO CONHECIAM O ESPÍRITO SANTO. ENTÃO, PAULO IMPÔS SUAS MÃOS SOBRE ELES, E FORAM BATIZADOS EM NOME DO SENHOR JESUS.

Copyright ©2021
Direitos reservados e protegidos pela lei 9.610 de 19.2.1998.
Nenhuma parte deste livro pode ser reproduzida, arquivada em sistema de busca ou
transmitida por qualquer meio, seja ele eletrônico, xérox, gravação ou outros, sem prévia
autorização do detentor dos direitos, e não pode circular encadernada ou encapada de
maneira distinta daquela em que foi publicada, ou sem que as mesmas condições sejam
impostas aos compradores subsequentes.
1ª Impressão 2022

Presidente: Paulo Roberto Houch
MTB 0083982/SP

Coordenação Editorial: Priscilla Sipans
Coordenação de Arte: Rubens Martim
Programador Visual: Raissa Ribeiro
Colaboraram nesta edição: Paola Dalle Lucca Houch e Gabriella Dalle Lucca Houch
(tradução e adaptação)

Vendas: Tel.: (11) 3393-7727 (comercial2@editoraonline.com.br)

Impresso no Brasil.
Foi feito o depósito legal.

Dados Internacionais de Catalogação na Publicação (CIP) de acordo com ISBD

O58h	On Line Editora
	Histórias Ilustradas da Bíblia / On Line Editora. - Barueri : On Line Editora, 2022.
	96 p. ; 23cm x 15,5cm.
	ISBN: 978-65-5547-420-6
	1. Literatura infantil. 2. Histórias bíblicas. I. Título.
	CDD 028.5
2020-1578	CDU 82-93

Elaborado por Vagner Rodolfo da Silva - CRB-8/9410

Direitos reservados à
IBC – Instituto Brasileiro de Cultura LTDA
CNPJ 04.207.648/0001-94
Avenida Juruá, 762 – Alphaville Industrial
CEP. 06455-010 – Barueri/SP
www.editoraonline.com.br